Ex libris

Caballero, Antonio, 1945-
    Isabel en invierno / texto e ilustraciones de Antonio Caballero. --
Bogotá: Panamericana Editorial, 2003.
    32 p. : il. ; 23 cm. -- (Sueños de papel)
    ISBN 958-30-0519-3
1. Cuentos infantiles colombianos 2. Cuentos colombianos
 3. Niños - Cuentos infantiles 4. Animales - Cuentos infantiles
I. Tít. II. Serie
I863.6 cd 19 ed.
AHS1330

        CEP-Banco de la República-Biblioteca Luis-Ángel Arango

Isabel en invierno

Editor
Panamericana Editorial Ltda.

Edición
Mireya Fonseca

Textos e ilustraciones
Antonio Caballero

Diagramación y diseño de cubierta
® Marca Registrada Diseño Gráfico Ltda.

Primera edición en Carlos Valencia Editores, 1990
Primera edición en Panamericana Editorial Ltda., octubre de 2003

Impreso por Panamericana Formas e Impresos S. A.
Calle 65 No. 95-28. Tels.: 4302110 - 4300355. Fax: (57 1) 2763008
Quien sólo actúa como impresor.

Impreso en Colombia   Printed in Colombia

Isabel en invierno

Texto e ilustraciones
Antonio Caballero

SUEÑOS
DE PAPEL

PANAMERICANA
EDITORIAL

Era un día gris de invierno.
A Isabel y sus amigos,
la comadreja Muchareja
y el osito Nicolás,
no se les ocurría nada qué hacer.

ISABEL PENSABA

LA MUCHAREJA TAMBIÉN PENSABA.

EL OSITO NICOLÁS, DE TANTO PENSAR, SE HABÍA CAÍDO AL PISO.

ISABEL DIJO POR FIN:
¡VAMOS A VISITAR A LOS PECES DEL PARQUE DEL RETIRO!

COMO ERA
UN DÍA GRIS
DE INVIERNO,
ISABEL SE PUSO
SU CHAQUETÓN ROSADO
DE INVIERNO.

SU GORRO AZUL DE INVIERNO.

SU BUFANDA
AMARILLA
DE INVIERNO

Y EL PARAGUAS DE TODOS LOS COLORES QUE LE REGALÓ NACHO.

—¡PARECES VESTIDA DE PAYASO! SE RIÓ LA MUCHAREJA.

LA MUCHAREJA SE RIÓ PORQUE LAS COMADREJAS VAN SIEMPRE DE GRIS, CON PELOS, Y POR ESO NO ENTIENDEN DE COLORES. EL OSITO NICOLÁS TAMBIÉN SERIÓ UN POCO.

ENTONCES ISABEL FUÉ A ESCOGER EN SU ARMARIO UNA ROPA ADECUADA PARA LA ESTACIÓN (QUE ERA EL INVIERNO) PERO MÁS ELEGANTE.

11

Y SE PUSO SU ABRIGO AZUL DE INVIERNO
CON BOTONES DORADOS
(DOS HILERAS DE BOTONES)
SU GORRO AZUL,
SU BUFANDA
AZUL,
SUS PANTALONES
AZULES
Y SUS BOTAS
BLANCAS
DE INVIERNO.

(Y, ESO SÍ, EL
PARAGUAS).

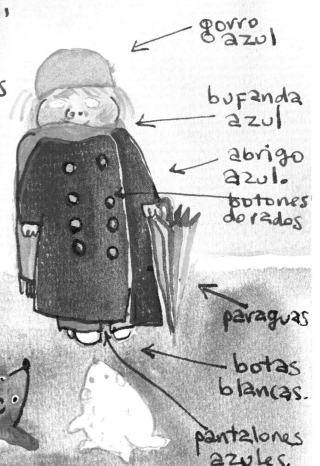

gorro
azul

bufanda
azul

abrigo
azul.

botones
dorados

paraguas

botas
blancas.

pantalones
azules.

LA COMADREJA MUCHAREJA
Y EL OSITO NICOLÁS
ESTABAN ADMIRADOS
DE LO ELEGANTE QUE
ESTABA ISABEL.

12

Y SE FUERON LOS TRES
AL PARQUE DEL RETIRO,
A VISITAR A LOS PECES
DEL ESTANQUE.
(NICOLÁS Y LA MUCHAREJA
NO TENÍAN FRÍO
PORQUE IBAN EN LOS BOLSILLOS
DE ISABEL).

13

EN EL PARQUE,
ISABEL SE PUSO
A SACUDIR
UN ÁRBOL
PARA QUE
CAYERAN
CASTAÑAS.

NICOLÁS Y LA
MUCHAREJA
NO LE
AYUDARON. ASÍ
QUE NO CAYÓ
NINGUNA.

14

Y ENTONCES, DE REPENTE, APARECIÓ UN LOGO.

ÍSABEL Y LA MUCHAREJA SE ESCONDIERON DETRÁS DEL ÁRBOL.

COMO
NO PASABA
NADA,
ISABEL
ASOMÓ
LA CABEZA.

Y ENTONCES EL LOGO LE DIÓ
UN LAMETAZO EN LA CARA
CON TANTO ENTUSIASMO
QUE LA TIRÓ AL SUELO.

EL OSITO NICOLÁS,
QUE HABÍA ESTADO
MUY VALIENTE,
LES EXPLICÓ A ISABEL
Y A LA MUCHAREJA
QUE NO SE DICE
"LOGO" SINO "LOBO".
Y QUE ADEMÁS ERA UN PERRO.

ALLÁ

ALLÁ

ALLÁ

PERO AHORA ESTABAN PERDIDOS EN EL BOSQUE DEL RETIRO.

ISABEL DECÍA QUE EL ESTANQUE DE LOS PECES ESTABA HACIA ALLÁ.

EL OSITO NICOLÁS, QUE ESTABA HACIA ALLÁ. Y LA COMADREJA MUCHAREJA, QUE HACIA ALLÁ. ESTABAN PERDIDOS.

HASTA QUE POR FIN APARECIÓ UNA VIEJITA
Y LES DIJO
QUE EL ESTANQUE
ESTABA
HACIA ALLÁ.

LAS VIEJITAS
SIEMPRE SABEN
DÓNDE QUEDAN
LAS COSAS.

—¿QUÉ EDAD TIENES? — PREGUNTÓ LA VIEJITA,
COMO PREGUNTAN TODAS.

19

ISABEL DIJO QUE TENÍA
DOS AÑOS.

LA VIEJITA SE QUE
REFUNFUÑANDO:
¿CÓMO ERA POSIBLE
QUE DEJARAN IR
AL PARQUE SOLAS A LAS
NIÑAS DE DOS AÑOS?
PERO ISABEL NO ESTABA SOLA:
SINO CON LA MUCHAREJA Y EL OSITO NICOLÁS.

LLEGARON AL ESTANQUE Y SE PUSIERON
A MIRAR A LOS PECES.

LOS PECES IBAN Y VENÍAN.

DE TANTO VERLOS iR Y VENÍR,
LA MUCHAREJA PERDIÓ EL
EQUILIBRIO Y SE CAYÓ
AL AGUA. ¡ISABEL GRITÓ:¡AY!

ISABEL TRATÓ DE SALVAR
A LA MUCHAREJA CON SU
PARAGUAS. (EL QUE LE HABÍA
REGALADO NACHO) PORQUE
LA MUCHAREJA NO SABÍA NADAR.

PERO FINALMENTE LA RESCATÓ UN SEÑOR EN UN BOTE.

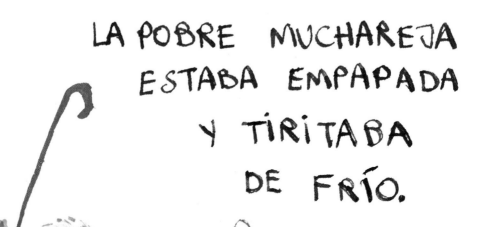

LA POBRE MUCHAREJA
ESTABA EMPAPADA
Y TIRITABA
DE FRÍO.

CUANDO VOLVIERON
A LA CASA,
LA COMADREJA
MUCHAREJA
TUVO QUE
IRSE A LA CAMA,
PORQUE ISABEL
LE PUSO EL
TERMÓMETRO
Y VIÓ QUE TENÍA
FIEBRE.

ENTONCES ISABEL
Y EL OSITO NICOLÁS
LA DEJARON
ACOSTADA
Y SE FUERON
A COMER
HELADOS.
UNO DE FRESA
PARA NICOLÁS
Y UNO DE VAINILLA PARA ISABEL.

PERO CUANDO TERMINÓ SU HELADO
DE VAINILLA ISABEL SE COMIÓ
TAMBIÉN EL DE FRESA
DE NICOLÁS.

PORQUE LOS OSITOS
DE FELPA NO SABEN
USAR CUCHARA,
PERO LOS NIÑOS SÍ.

28

ANTONIO CABALLERO, que es el papá de
Isabel, escribió este libro para ella
cuando acababa de cumplir dos
años (ella; él tenía muchos más).
Ahora tiene dieciocho y sigue
esperando los otros libros que su
papá le prometió.